AF248130

ÉTIENNE RICHET

PROFESSEUR AU COLLÈGE LIBRE DES SCIENCES SOCIALES
CHARGÉ DE MISSION PAR LE MINISTÈRE DES COLONIES

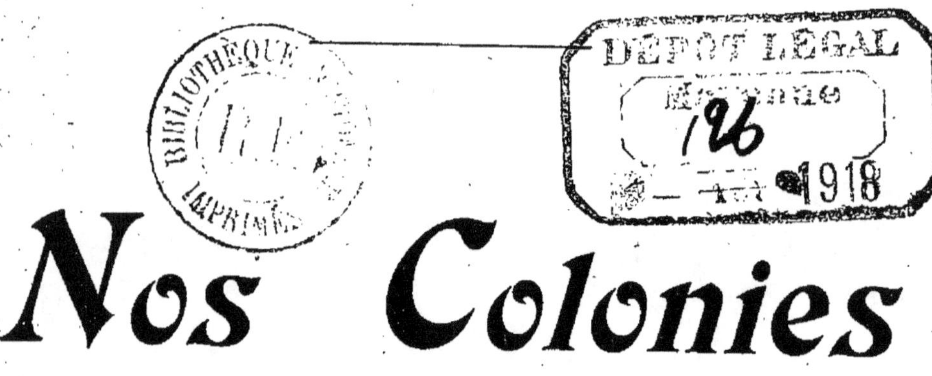

Nos Colonies

pendant la Guerre

PARIS

EMILE LAROSE, Libraire-Éditeur

11, Rue Victor-Cousin

—

1917

Nos Colonies
pendant la Guerre

DU MÊME AUTEUR

Les régions boréales (Schleicher, éditeur).

Au Klondyke (Plon, éditeur).

Notes géographiques sur l'Alaska (imp. Danel).

La Colombie britannique et les montagnes rocheuses (imp. De Backer).

Notes sur l'île de Ceylan (Imp. Danel).

L'Indo-Chine française (rapport de mission) (Imp. De Backer).

Trois jours à Bombay (Imp. De Backer).

Heures d'Asie (Ollendorf, éditeur).

Voyage aux dernières citadelles de l'Islam (Imp. De Backer).

Voyage au Maroc (Vasseur, éditeur).

Sur les routes d'Afrique (Ficker, éditeur).

La France au Congo (rapport de mission) (Ficker, éditeur).

Heures d'Egypte (Imp. Danel).

Voyage à Madagascar (Imp. De Backer).

La colonisation à Madagascar (Imp. De Backer).

Exploration du Haut Sambirano et de la Ramena (Imp. Danel).

Les Iles lointaines (Figuière, éditeur).

Le Protectorat français au Maroc (Imp. De Backer).

Oued Sous oued Drâa (Figuière, éditeur).

ÉTIENNE **RICHET**

PROFESSEUR AU COLLÈGE LIBRE DES SCIENCES SOCIALES
CHARGÉ DE MISSION PAR LE MINISTÈRE DES COLONIES

Nos Colonies
pendant la Guerre

(Conférence donnée à la Sorbonne le 22 Décembre 1916)

PARIS

EMILE LAROSE, LIBRAIRE-ÉDITEUR
11, Rue Victor-Cousin

—

1917

Nos
Colonies pendant la Guerre

Messieurs,

La guerre qui a dévasté le sol de la vieille patrie n'a pas étendu ses ravages jusqu'aux territoires multiples de notre empire colonial. Sans doute, en août 1914, le *Gœben* et le *Breslau* ont bombardé Bône et Philippeville ; sans doute, un mois plus tard, en Océanie, des croiseurs ont écrasé sous le feu de leurs canons les paillottes de Papeete et mis en déroute les trois gendarmes de la baie du Contrôleur, mais ces exploits paraissent bien minimes à qui veut se rappeler les paroles du chancelier allemand à l'ambassadeur d'Angleterre, à qui veut bien relire aussi l'ouvrage où Richard Tannenberg expose le rêve pangermanique d'un empire colonial allemand formé au centre de l'Afrique avec les possessions belges et françaises, sans préjudice des territoires immenses qu'il désigne dans toutes les parties du monde comme devant revenir à son pays, en Turquie d'Asie, en Asie tropicale, en Chine, dans l'Amérique du sud, etc. Escomptant d'avance la victoire de leurs armes, les Allemands croyaient mettre aisément

la main sur notre domaine d'outre-mer. Avant la
guerre, ils étaient partout dans nos colonies et les riches
produits de nos possessions lointaines s'en allaient à
Hambourg.

Ses protégés s'appliquaient, d'autre part, à travailler
nos sujets musulmans d'Algérie et de Tunisie. Au Maroc,
à l'aide de ses agents, notre ennemie avait préparé tous
les éléments d'un mouvement insurrectionnel ; même
les fusils étaient disposés en lieu sûr, prêts à être utili-
sés. En Abyssinie, dans la République de Libéria, —
deux pays indépendants, — brûlaient des foyers perma-
nents de conspirations allemandes contre les Etats d'Europe possesseurs de territoires africains. A Hong-Kong,
le consul allemand complotait avec le parti révolution-
naire annamite le massacre et l'expulsion des Français
d'Indochine ; il correspondait dans le même but avec
les gouverneurs chinois des provinces frontières du Tonkin et envoyait ses émissaires au Siam et dans l'Inde
anglaise.

Partout, dans ce vaste drame machiné par la perfidie
du kaiser et de la Wilhemstrasse, les affiliés indigènes
avaient leur rôle prévu et distribué : ils devaient égor-
ger les Français, retenir loin d'Europe les garnisons et
les contingents coloniaux et nous priver ainsi de nos
hommes et de notre matériel, disséminés dans toutes
les régions du globe. Dans les colonies anglaises comme
en Tripolitaine, des révoltes indigènes avaient été pré-
parées, dans le but de forcer leurs métropoles à garder
la neutralité.

Mais si, sur quelques points, ces manœuvres ont
réuni des mécontentements et des mauvaises volontés
dans divers milieux indigènes, par contre, des groupes
plus importants, des personnalités marquantes, indigènes elles aussi, les ont rapidement réprimées. En Indochine, une agitation créée avec la complicité du gouverneur intérimaire Van Vollenhoven et des voyageurs
chinois qui, dès août 1914, colportaient le récit de l'in-
vasion allemande et de la chute de Paris, le pillage de

plusieurs bourgades par les pirates, furent arrêtés par les notables des communes qui s'unirent aux efforts de l'administration française et des colonnes volantes.

Bientôt, d'ailleurs, l'écho du canon victorieux de la Marne retentit jusqu'aux mers de Chine et l'on put voir, dans les cases annamites et laotiennes, le portrait de notre généralissime s'étaler auprès de l'autel des ancêtres. Les tentatives de révolte du jeune roi d'Annam, Dung-Tuan prirent fin par sa déportation à la Réunion, et le conseil des ministres choisit un souverain nouveau. A la même époque, Sisowath, roi du Cambodge et le prince de Luang Prabang parcouraient les provinces de leurs états, pour expliquer à leurs sujets pourquoi leur intérêt et leur devoir les poussaient à s'associer à nos luttes.

'En Afrique occidentale, dans le haut-Dahomey ainsi que dans la boucle du Niger, quelques émeutes eurent lieu à l'occasion du recrutement des tirailleurs noirs. On pouvait craindre que le mouvement s'étendît. Cependant, grâce à la fermeté de nos administrateurs demeurés dans le pays, il n'en fut rien.'

Au Maroc, en raison des fautes commises et de la haine des roumis toujours prête à éclater chez les Berbères, la situation pouvait sembler particulièrement difficile, mais les tribus de l'Atlas, après un premier succès à El Herri, en novembre 1914, se virent infliger par le général Henrys défaites sur défaites. Dans les Djébala nos détachements mettaient à la raison les tribus du Nord dont nos ennemis assuraient le ravitaillement par la zone d'influence espagnole. En vain l'Allemagne, par ses agents secrets, excitait nos ennemis — El-Hiba dans le Sud, Raisouli et Abd-el-Malek au Nord — des mesures énergiques, telles que la capture des résidents ennemis, notoirement hostiles, et la suppression de la protection allemande et autrichienne pour les sujets marocains, enfin l'envoi de milliers de prisonniers germains, montrèrent d'une façon péremptoire la puissance de la France à ces populations uniquement sensibles au prestige de la force.

En Tunisie quelques troubles, vite repoussés, furent également la conséquence de la guerre européenne. En 1915, l'Italie, à son entrée dans la lutte, avait en Tripolitaine retiré vers la côte ses garnisons de l'intérieur. Aussitôt, les tribus nomades du désert. enhardies à l'attaque, reçurent par l'intermédiaire de la Turquie des armes et de l'argent allemands ainsi que des officiers allemands. Les détachements italiens, inférieurs en nombre, se replièrent sur la Tunisie où nos garnisons les accueillirent et subirent, par contre-coup, le choc des tribus bédouines. Mais grâce à leur résistance héroïque le mouvement insurrectionnel fut rapidement réduit à l'impuissance, si bien qu'en pleine période de guerre (avril 1916) le chemin de fer de Gabès (Tunisie-Sahara) était inauguré par le Résident général.

En Tunisie, notre port de Bizerte et son magnifique arsenal, en liaison avec le port anglais de Malte, joua un rôle très important pour les flottes de l'Entente dans les transports de troupes et le ravitaillement. On sait, notamment, que c'est près de Bizerte que furent réorganisés les régiments serbes ramenés de Corfou.

En Algérie, les récoltes de 1914 et 1915 ayant été précaires, les agitateurs trouvèrent là prétexte à menées séditieuses ; mais grâce au concours prêté à l'administration française par les plus grands chefs indigènes et les plus vénérés, tout fut promptement apaisé.

Ainsi, Messieurs, malgré l'éloignement et le travail de sape auquel se livrait l'ennemi, malgré les difficultés économiques résultant du brusque changement des choses, nos colonies ont tenu. Comme la Métropole, elles ont tenu, ces terres exotiques sur lesquelles flotte le drapeau tricolore. Au jour du danger, à l'heure de l'épreuve, elles ont montré combien elles sont françaises, combien elles font partie intégrante du pays. Et l'opinion nationale a pu voir combien ils étaient sages et prévoyants ceux qui, pendant quarante ans, ont voué leur pensée, leur labeur et leur vie à la tâche ardue de créer cette « plus grande France » dont nous retirons déjà un tel appoint.

En effet, non seulement nos colonies ont tenu, mais elles ont, elles aussi, contribué pour une large part à la défense nationale. Non seulement elles nous ont apporté sans compter leur capital humain, mais encore elles ont assuré l'envoi en France de leurs ressources naturelles.

Ai-je besoin de rappeler, Messieurs, le rôle que jouent sur les champs de bataille du vieux monde, dans les armées de la République, nos soldats noirs et jaunes ? Qui ne connaît les exploits des Annamites et des Sénégalais, à Verdun, aux Dardanelles ? Des Marocains sur la Marne et l'Yser ? Mais il me paraît utile de rappeler que le nombre de citoyens de race française établis en Algérie, Tunisie et Maroc qui, obéissant aux mêmes lois militaires que les Français métropolitains, se sont levés comme eux au jour de la mobilisation, a dépassé 120.000 hommes, c'est-à-dire l'effectif de deux corps d'armée. Quelle que fut l'importance des intérêts qu'ils laissaient derrière eux, quelles que fussent les difficultés à résoudre pour rejoindre, tous les Français résidant aux colonies, l'ingénieur comme le commerçant, ont montré la même ardeur patriotique, le même sentiment du devoir.

Dans nos vieilles colonies, la Réunion, la Guyane, la Martinique, la Guadeloupe, la loi militaire intégrale a reçu son application dès la seconde année de la guerre et les Créoles de tout âge sont venus grossir nos effectifs. En Afrique et en Asie, nous possédons des terres nouvellement conquises où les Français d'origine sont en extrême minorité. Sur ces points, pour éviter de priver subitement les colonies de leur élément directeur, des sursis d'appel ont été judicieusement accordés et publiés officiellement. Saluons en passant ces quelques centaines de Français, qui, depuis les débuts sous ces climats mortels où l'hygiène impose la règle d'aller se retremper par périodes dans un air plus propice, assumant un travail double, sont restés à leur poste pour maintenir les cadres administratifs et économiques, afin de résister à la réaction de la barbarie et dont beaucoup sont morts — eux aussi — à la peine et à l'honneur.

Dès les premiers mois des hostilités une majeure partie des unités indigènes de l'Afrique du Nord fut envoyée au front ; un glorieux rôle fut joué par les fantassins arabes et berbères mêlés aux soldats français. Bientôt il fallut réorganiser ces troupes très décimées par des appels aux dépôts. D'ordinaire, les régiments indigènes se recrutent par engagements volontaires avec primes ; en cette occasion des allocations furent, en outre, accordées à leurs familles. Des centres d'instruction furent fondés pour les nouveaux appelés, des hôpitaux, des associations et même des mosquées. D'après les chiffres officiels, ces combattants venus de l'autre France seraient au nombre de (*censuré*). Détail significatif : parmi les indigènes, les plus grandes familles ont tenu à honneur de donner à la patrie quelques-uns de leurs enfants dont beaucoup ont conquis rapidement des grades élevés et de belles citations.

Ce n'est pas sur les champs de bataille seulement que, pour le service de la patrie, les colonies ont envoyé leurs fils. Les services de l'arrière, les usines de guerre, les fabriques de munitions, les ateliers d'aéronautique, les mines du Pas-de-Calais, les travaux agricoles, les manutentions des docks, les hôpitaux ont reçu beaucoup de ces bons serviteurs volontairement engagés avec allocations pour leur familles, Kabyles d'Algérie, Marocains, Annamites et Malgaches.

En Afrique Occidentale, les Allemands avaient, de longue main, savamment préparé l'envahissement du Dahomey, mais ce fut au contraire le Togo qui fut conquis, en septembre 1914, par nos contingents secondés par les troupes anglaises de la Gold-Coast. Au Cameroun, dès le commencement de la guerre, nos troupes équatoriales réoccupèrent les territoires du Congo cédés en 1911. En même temps que les armées teutonnes, en août 1914, violaient la frontière belge, les garnisons allemandes du Cameroun attaquaient un poste du Congo. Les contingents belges unirent alors leur action aux contingents des colonies anglaises et françaises voisines, pour la conquête du Cameroun et, au commencement de 1916, les couleurs des trois nations flottaient sur Yaoundé, le seul fort encore au pouvoir des Allemands dont les derniers bataillons étaient rejetés et désarmés sur le territoire du Rio del Muni, .possession espagnole.

Non seulement, Messieurs, au point de vue moral, mais encore au point de vue matériel les colonies ont tenu. Au milieu de la tourmente, elles ont prouvé, en même temps que leur loyalisme, la solidité de leur organisme et la force de leurs conditions d'existence. Au premier moment, il était inévitable que le bouleversement subit de toute organisation économique, la suppression de toute régularité dans les relations commerciales avec l'Europe, joints à la mobilisation provoquèrent une crise grave dans la vie coloniale. Cette crise, en effet, eut lieu, mais grâce à l'activité des éléments demeurés là-bas, elle a été rapidement surmontée ; et, chez beaucoup, une prospérité nouvelle lui a succédé.

Saint-Pierre et Miquelon, en décadence depuis plusieurs années, à cause de la diminution de la pêche à la morue, a vu sa situation décroître encore par suite de la mobilisation des pêcheurs et a dû réclamer une subvention de la Métropole. La Guyane, un peu à l'écart des itinéraires fréquentés par le commerce maritime, a cessé, faute de moyens de transports, son commerce d'exportation. La Nouvelle-Calédonie, privée aussi de transports réguliers a vu s'arrêter subitement la production de ses entreprises de mines et de métallurgie qui commencent à présent à reprendre quelque vie grâce à la nouvelle main-d'œuvre introduite. Elle a eu recours en 1915 à un emprunt local.

Nos établissements de la Côte des Somalis ont interrompu brusquement les envois d'armes et de munitions chez leurs voisins d'Abyssinie et le rôle très considérable de l'Allemagne dans les transactions commerciales de Djibouti ; cependant, malgré la diminution de son budget et les emprunts forcés à sa caisse de réserve, la colonie a pu en 1915 pousser jusqu'à Addis-Ababa son chemin de fer franco-éthiopien, et le Négus d'Abyssinie s'est rendu solennellement à Djibouti à cette occasion. La situation des Indes françaises vivant par elles-mêmes et sur leurs propres ressources a été peu touchée par la guerre.

En Océanie, les conséquences du bombardement de Papeete, la suppression presque totale de son commerce maritime ont déterminé une crise rapidement conjurée d'ailleurs par le relèvement du prix du coprah et des phosphates.

Nos possessions d'Afrique Equatoriale ont vu baisser les produits de leur exploitation, puisque le principal débouché du bois de leurs forêts était le port de Hambourg et qu'on ne s'est point occupé hélas ! de diriger ce commerce sur Bordeaux, Marseille et le Havre. L'Afrique Occidentale a dû recevoir du Parlement en 1916 un crédit remboursable de 15 millions sur le Trésor, et son budget s'est relevé de près de 5 millions.

La situation financière de l'Indo-Chine n'a point subi de fluctuations grâce à la grande quantité de riz qu'elle exporte vers la métropole. Quant à Madagascar, à la Guadeloupe, la Martinique et la Réunion, leur prospérité s'est accrue sensiblement.

En résumé, pendant la guerre, et malgré des difficultés de tous genres, la plupart de nos colonies ont vécu de leurs propres ressources.

Sans cesse, en dépit de la menace constante des sous-marins germaniques, les bâtiments français et alliés ont sillonné les flots pour déposer dans nos ports ces richesses coloniales indispensables à la vie et à la continuation de la guerre. Des milliers de tonnes de riz et de maïs nous sont venues de l'Indochine. Les mauvais rendements des récoltes de 1914 et 1915 nous ont privé de céréales de l'Algérie et de Tunisie. En revanche, ces contrées nous ont envoyé du vin, des fruits, de la viande ; le blé du Maroc a ravitaillé la Tunisie ainsi que l'armée d'Orient les œufs marocains, par millions, se sont substitués en France à ceux des Balkans et de la Russie. Les céréales, le café d'Ethiopie ont été amenés à Djibouti par la nouvelle voie ferrée d'Addis-Abbaba.

L'exploitation et l'exportation des graphites de Madagascar, indispensables à la fabrication des explosifs, a pris un essor inattendu. Grâce à la conservation frigorifique qui a fait heureusement des progrès dans la grande île si riche en bétail, les viandes de Madagascar ont nourri les troupes françaises, anglaises et belges qui combattaient dans les colonies allemandes.

Destinée à l'alimentation de la France, une usine d'abattage industriel et de conservation existe, près de Kaolack, une autre est prête à s'ouvrir à Dakar, d'autres sont étudiées au Maroc. Pour nos armées, l'Afrique du nord et de l'ouest a envoyé ses laines, ses peaux de mouton et de chèvre si précieuses pour protéger le soldat pendant les durs hivers des tranchées. La Réunion, les Antilles ont fourni à l'Algérie, à la France, leurs rhums et leurs sucres et l'Indochine ses alcools de riz. D'Afrique équatoriale enfin sont arrivées aux usines d'explosifs les huiles d'arachide et de palmistes.

L'argent que le très grand accroissement de leurs exportations amenait de la métropole aux colonies, est revenu en France. Dans toutes les Banques coloniales, en Algérie, en Afrique occidentale, en Indochine, les résidents français et les indigènes ont souscrit avec enthousiasme aux emprunts, aux bons de la Défense Nationale. Dès 1916, la contribution de l'Algérie montait à 370 millions, celle de la banque de l'Indochine à 146 millions ; la petite île sucrière de la Réunion a fourni à elle seule trois millions, et les manifestations de la charité privée, fondations d'hospices et de dispensaires, envois aux soldats et aux prisonniers, travaux pour les femmes des absents, n'ont pas eu moins d'élan et de générosité qu'en Europe même. Les plus petits n'y ont pas plus manqué que les grands. Est-il rien de plus touchant que cette idée des gens du Djérid d'envoyer des dattes dans les dépôts de tirailleurs, des jardiniers du

Sahel tunisien d'expédier des colis d'oranges aux malades des hôpitaux ?

En Extrême-Orient, on a organisé des « journées » pareilles à celles pour lesquelles on quêtait sur nos boulevards et dans nos rues ; la seule journée du « 75 » (14 juillet 1915,) au Cambodge et en Cochinchine a, dépassé 500.000 francs.

Le rôle considérable joué par nos colonies dans cette crise a fait apparaître aux yeux des plus aveugles leur utilité vitale. Par la présence en France de ces groupes étrangers, dans les tranchées comme dans les usines de guerre, à l'intérieur du pays, le public le moins averti et le plus indifférent à ces questions a compris quelle aide efficace, quel important soutien est pour nous notre empire colonial.

Mêlés aux nôtres dans les travaux de la guerre et de l'usine, ces exotiques ont fait comprendre aux gens de chez nous la fusion des races, unies pour une action de défense commune. Sous la menace des mêmes dangers, les Français de la vieille patrie et les Français d'outre-mer se sont reconnus frères autant par sympathie que par intérêt vital. Le Parlement n'a-t-il pas proclamé par une parole officielle cette fraternité de la Métropole avec ses sujets exotiques lorsqu'il a voté l'envoi de son salut reconnaissant à tous les défenseurs du pays « sans distinction d'origine, de race et de couleur » ?

Sans doute cette belle manifestation de loyalisme des colonies fut précieuse en nous apportant une vue plus nette de leur importance véritable ; elle l'est doublement aujourd'hui en nous faisant présager l'avenir.

Ces colonies qui, pendant la lutte présente, nous ont généreusement prodigué sans compter leur sang, leur or, leur richesse nourricière de leur sol, nous fourniront le moyen de notre relèvement économique, l'assiette solide où nous pourrons édifier notre prospérité future, la vie nouvelle qui doit briller un jour sur les plaies pansées et les ruines redressées.

En effet, aucun Français ne se le dissimule, après la

victoire des armées, une autre lutte commencera. Notre richesse nationale jetée sans réserve dans la balance du sort, avec notre volonté unique de vaincre, devra être reconstituée. Cette fortune nouvelle, nécessaire pour effacer les désastres de la veille comme pour assurer la splendeur du lendemain, c'est à elle-même, c'est à son sol, aux produits de ce sol, à l'utilisation raisonnée de toutes ses ressources que la France devra la demander. Il nous faudra autant que possible vivre sur nous-mêmes et demander le moins possible à l'étranger. Cette vieille terre gauloise qui, depuis tant de siècles, a nourri le sang généreux de notre race, il faudra savoir en doubler la fécondité par une culture intensive, par le rendement plus judicieusement organisé de ses richesses minières, par le travail incessant des artisans, des industriels et des commerçants.

Réduite aux ressources de ce seul terrain d'action, quels que soient notre vouloir et notre activité, peut-être cette tâche de reconstruction et de relèvement serait-elle impossible à accomplir. Mais, pensons-y, le domaine de la France ne s'étend pas seulement sur le vieux sol ancestral, entre les Pyrénées, les Alpes et les Vosges, entre la Méditerranée, l'Océan et le Rhin. Il se déploie encore au pied de l'Atlas, sur les rivages brûlants comme au cœur de l'Afrique, au nord du Pacifique et de l'Océan Indien, en des îles nombreuses perdues dans les mers des cinq parties du monde.

Dans ces possessions immenses gisent dans la terre, le fer et les phosphates, dans l'Afrique septentrionale ; la houille au Tonkin ; l'or à la Guyane et à Madagascar ; de vastes forêts y cachent le caoutchouc et les bois précieux ; des forces considérables y dorment dans les eaux des grands fleuves, dans l'activité inemployée et non éduquée, de millions d'êtres humains. Le vrai moyen de reconstruction du patrimoine français, ce sera demain, Messieurs, la colonisation de son domaine extérieur.

Saignante sous ses lauriers, et faisant face aux luttes

pacifiques après les luttes guerrières, la France de demain devra continuer dans les travaux économiques cette union intime avec ses colonies qui l'ont si bien servie dans les batailles. Grâce aux richesses merveilleuses et diverses de cette autre France plus ou moins distante, grâce à ces sujets nombreux dont elle a vu le dévouement, la France aura la faculté de s'adresser le moins possible à l'importation et à la main-d'œuvre étrangères. C'est aux colonies qu'il faudra acheter, c'est à elles qu'il faudra vendre. En intensifiant la production de blé dans le nord de l'Afrique nous serons dispensés d'acheter le blé américain ; de même pour la houille, les phosphates, le fer et le cuivre, nous pourrons, si nous le voulons, au lieu de les chercher au dehors, les trouver chez nous.

Notre marine marchande développée, apportera le bois de nos forêts du Congo, du Gabon, de la Côte d'Ivoire et de la Guyane, afin de rebâtir les maisons de nos départements envahis et dévastés. La nécessité urgente des matières premières de toute nature conduira forcément nos négociants à s'adresser aux bois, aux mines des terres coloniales, tandis que la réduction du troupeau national obligera à développer, dans certains de nos domaines éloignés, particulièrement riches en bétail, l'industrie de la viande frigorifiée.

Nos sujets revenus dans leur pays d'origine y rentreront avec une mentalité développée, après avoir vécu parmi les nôtres la vie militaire et ouvrière, avec des habitudes nouvelles et des besoins nouveaux. Ces besoins et ces goûts rapportés de la métropole nous assureront chez eux une clientèle pour une exportation agrandie, avantage doublement précieux, car la réduction de nos finances et le besoin d'économies nous forcera impérieusement à chercher de préférence pour nos produits des débouchés peu grevés de droits fiscaux, débouchés que nous trouverons aux colonies, puisque nous y serons chez nous.

D'autre part, les nouvelles habitudes de vie qu'ils

auront contractées, la révélation d'une existence plus active à laquelle ils auront été mêlés et entraînés, dont ils auront apprécié les avantages et qu'ils voudront continuer, amèneront à nous une main-d'œuvre considérable, cette main-d'œuvre hélas ! qui, par suite des coupes sombres pratiquées depuis trente mois dans les forces vives de la France, risque de faire si cruellement défaut à notre œuvre de reconstruction. La création de cette main-d'œuvre et de cette clientèle, résultat du rapprochement des races et de leur fusion, voilà donc le terrain ferme et solide sur lequel devra s'appuyer la reconstitution du trésor national.

Cette entente, cette fusion qui se sont révélées et manifestées durant les mauvais jours, devra se continuer plus étroite et plus intime ; là, comme je l'ai déjà dit, réside la condition du relèvement, la base de l'avenir que nous devons réédifier avec l'appui de toutes nos forces. Les colonies désormais devront être considérées comme partie intégrante de la patrie européenne, qu'elles ont si vaillamment soutenue. Pour les aider dans l'œuvre qu'on attend d'elles, le premier soin des pouvoirs publics, dès le lendemain de la guerre, devra être de leur fournir l'outillage nécessaire.

En juillet 1916 un rapport adressé par un groupe de coloniaux au président du Conseil expliquait que sur les 700 millions de matières premières que la France, en 1913, avait demandé à l'importation, la quantité presque totale pourrait lui être fournie par ses colonies elles-mêmes au grand avantage de l'une comme des autres. D'après ce rapport, il suffirait d'un laps de dix ans pour créer l'importation des subtances alimentaires, viandes, fruits, grains des oléagineux, des bois de construction, pour faire des réserves considérables en cafés, caoutchoucs, cotons, laines, minerais, dans nos entrepôts d'outre-mer. Il est temps d'y songer.

Afin d'arriver à cette intime collaboration coloniale, afin d'assurer cette association, une des premières mesures qui s'imposera à l'attention du gouvernement sera la reconstitution, la création, le développement d'une marine marchande, point essentiel pour la vie économique des colonies. Par une nonchalance coupable la France, en ces dernières années, avait négligé sa marine de commerce, dont le rôle fut jadis si brillant et si fécond. Sur tous les points elle s'était laissée distancer par l'activité des vapeurs allemands. Si nos colonies, dans la première année de guerre, ont vu s'ébranler leur situation économique, la cause réside dans ce fait que, presque partout, des vaisseaux allemands se chargeaient du trafic de leurs produits, les drainant par Hambourg, vers l'Autriche, les Balkans et la Russie. En vain, M. le professeur Perrot, M. Chevalier, directeur du laboratoire d'agronomie coloniale au Muséum ; en vain les journaux coloniaux, les congrès, multipliaient les avertissements, les rapports scientifiques, les articles, les notes, à la veille de la guerre seulement un syndicat des importateurs de bois du Gabon s'était formé à Paris !

Le transport des marchandises coloniales doit se faire sur des bâtiments nationaux, c'est un point capital. C'est pourquoi il faut, d'ores et déjà, non seulement développer mais reconstituer notre flotte marchande, car elle aussi se trouve cruellement éprouvée par les pertes de navires, par le travail excessif et le surmenage de ceux qui ont échappé aux sous-marins. Il faut construire pour elle des navires spéciaux combinés en vue des conditions du fret et compris d'une manière adéquate à leur emploi prévu ainsi que, dans les chemins de fer, on fait des wagons particuliers pour le transport du bétail, pour le transport des vins, des primeurs ou celui des minerais.

Pour compléter cette œuvre, il sera nécessaire d'établir souvent, entre les colonies et nous, un vaste réseau de communications : câbles, télégraphie sans fil ; il faudra s'appliquer à hâter la construction des voies ferrées en cours ou projetées. De quel profit nous aurait été aujourd'hui, si elle était terminée, la voie qui doit mener au port de Bône les énormes masses de fer de l'Ouenza ?

Il faudra également que les capitaux français ne se laissent plus drainer par des banques d'émission sans scrupules, telles les sociétés étrangères, et se consacrent de préférence, exclusivement même, aux entreprises coloniales ; il faudra que, formés par une éducation spéciale, nos nationaux, renonçant à leur humeur casanière, tournent dans ce sens leur activité et leur ambition légitime et aillent former outre-mer les cadres de ces entreprises pour lesquelles on dressera aussi, par une éducation appropriée, une nombreuse main-d'œuvre indigène. Une chose salutaire et qui, sans doute, continuera pendant la paix les heureux effets obtenus pendant la guerre, sera l'entente interalliée, car notre voisinage en Afrique avec nos amis anglais, portugais et belges, peut et doit devenir le moyen d'une collaboration féconde pour tous.

Cette solidarité dont nous éprouvons les effets quelle en est donc, Messieurs, la cause productrice ? Il n'en faut point chercher la raison ailleurs que dans la force de sympathie qui est l'âme de l'expansion ; dans le principe d'association avec l'indigène, qui domine notre politique coloniale ; dans notre souci d'améliorer les conditions d'existence des peuples chez lesquels nous nous établissons et de les faire profiter des bienfaits de nos méthodes agricoles et industrielles plus avancées ; dans notre respect des religions, des mœurs et des coutumes.

Le fait, par exemple, de la réouverture par les Français du pélerinage de la Mecque, à l'heure même où le grand chérif rompait avec les Turcs alliés des Allemands a vivement frappé les Mahométans d'Afrique. Des villages de la Chaouia ou de la Kabylie s'enrichissent avec l'argent qu'envoient à leurs familles les ouvriers berbères des usines de guerre et l'on cite un bureau de poste où, dans l'espace de trois mois, 700.000 fr. ont été expédiés par mandats. L'exposition de Casablanca (1915), la Foire de Fez (1916) ont attiré surtout des visiteurs indigènes, curieux de suivre des progrès dont ils peuvent tirer profit.

En vérité, si nous voulons arriver au résultat si durable et si beau de la reconstitution de notre avenir national par les colonies, reconnaître et continuer leur collaboration dévouée et efficace, il faudra également que notre législation dans les années qui vont venir, en tienne compte davantage et se modifie suivant les principes de la justice et de l'égalité bien entendues. Non pas qu'il soit bon d'importer brusquement des lois toutes faites qui donnent subitement à l'indigène, la condition, les devoirs et le privilège du citoyen français, mais sous des formes encore à étudier, on devra trouver une adaptation meilleure du système fiscal et judiciaire, répandre un programme d'enseignement respectueux des idées acquises et pourtant insensiblement progressistes, et comme font les Anglais dans l'Inde et les Hollandais en Malaisie, associer l'indigène à l'administration de sa colonie. Un vaste programme d'amélioration reste à étudier par un parlement où siégerait des délégués de toutes nos possessions et dont la création ne pourra pas être différée après la guerre.

La solution équitable du problème colonial est, en résumé, dans la préoccupation égale des intérêts de la métropole figurée par les colons, et des intérêts des peuples dominés.

Notre devoir comme notre intérêt est, par un soin des plus attentifs et des plus judicieux, suivant des vues et des méthodes appropriées à chacun d'eux, d'assurer le développement de ces derniers. Il est de toute évidence que la même politique ne peut être appliquée aux nouvelles colonies et aux anciennes. Dans celles-ci, depuis longtemps soumises, la plupart des indigènes jouissent des privilèges des citoyens français et nomment leurs représentants à la Chambre. Cependant le système électoral tel que nous le pratiquons n'est pas sans comporter bien des inconvénients dont les principaux sont les manifestations d'une certaine lutte de races, qui tend à se substituer à l'intérêt général et l'accaparement des suffrages par des individus qui font passer tel ou tel candidat désigné par eux, sans qu'il ait eu le moindre rapport avec les électeurs. Des réformes, dans les systèmes de vote devront être cherchées pour éviter ces abus. D'autre part, la création de conseils qui règleraient sur place et sans perte de temps les questions intérieures et locales, aurait une influence heureuse sur un emploi meilleur de leurs forces et ce serait pour l'indigène un acheminement vers un plus large développement économique, politique et social. Des agents généraux envoyés en France, et y représentant, près des Chambres, près du ministre, près du Conseil d'Etat, les intérêts économiques des colonies, fortifieraient cette organisation tandis que notre politique indigène dans les colonies même s'inspirerait, de plus en plus, des idées sociales et de la protection du travailleur, d'après les circonstances et les conditions particulières à chacune, ce qu'on n'a point suffisamment étudié encore.

Les nouvelles colonies se divisent en deux groupes : colonies asiatiques et colonies africaines. Là encore, il ne saurait être question d'un système uniforme et de procédés identiques. Dans les colonies asiatiques nous trouvons en face de nous une organisation politique et sociale, un langage écrit, des traditions historiques, une civilisation existante en un mot, à laquelle nous superposons la nôtre. Une étroite intimité sera encore bien longue à établir et l'accomplissement n'en peut être brusqué. Multiplier les points de contact, faciliter la fréquence des rapprochements, voilà ici le but ; le moyen sera l'enseignement de notre langue à l'Asiatique et l'étude de sa langue chez nous.

Les colonies africaines peuvent se diviser en deux groupes. Dans une partie de ces colonies les peuplades n'ont de la cohésion qu'une idée rudimentaire ; leur organisation politique, si l'on peut dire, se borne au village dans la forêt, à la tribu dans la plaine ; des coutumes au lieu de lois, des traditions fabuleuses, pas de langage écrit ; d'autres peuples au centre de l'Afrique, par le contact que l'Islam leur a créé avec les dominations musulmanes voisines de l'Europe, se sont élevés à la conception du royaume, de la nation, de l'état. En face de ces divers états de choses, notre action doit s'adapter et s'assouplir aux conditions spéciales de chacun. Pour le premier une politique d'éducation s'impose, pour le second, la politique d'association paraît indiquée.

Un point délicat de la politique coloniale consiste dans les rapports des représentants de la métropole avec les chefs indigènes. C'est pourquoi il serait à souhaiter que les gouverneurs des colonies où l'on se trouve en relation avec eux, fussent des hommes depuis longtemps rompus à la pratique de cette diplomatie spéciale et familiers avec la psychologie des indigènes ; c'est pourquoi il est à désirer que ces fonctionnaires demeurent longtemps au même poste afin qu'ils ne perdent point, à se refaire une éducation nouvelle, le temps utilement employé à l'application de l'expérience acquise. Par la collaboration avec le pouvoir indigène, une économie d'administration est réalisée, une satisfaction est donnée aux traditions de la peuplade, un sentiment de hiérarchie des races s'établit.

Certains chefs ont rendu à notre cause les plus grands services. Devant une mauvaise volonté évidente, il est souvent à propos, après la déchéance de la personnalité hostile, de lui substituer un successeur choisi par nous plutôt que de détruire l'organisme de la tribu, bien qu'en certains points on ait pu remarquer que la suppression de tout intermédiaire entre l'indigène et nous, la démocratisation de notre influence, si l'on peut dire, ait donné des résultats heureux. Tout cela est affaire de milieux, de circonstances, de tact, de mesure. C'est pourquoi l'on ne saurait trop le répéter : un des facteurs les plus importants pour la fusion toujours plus parfaite de la métropole avec ses colonies, consiste dans le choix d'un personnel colonial intelligent, humain, aux compétences éprouvées que nous n'avons pas toujours eu jusqu'ici.

Une fonction de notre souveraineté, dans laquelle

nous avons à nous montrer de plus en plus bienveillants et sages est le prélèvement de l'impôt. L'impôt existe chez tous les peuples même les plus sauvages sous la forme de redevances en nature apportées au chef du village ou de la tribu. Il serait salutaire de faire perdre à nos impôts, dans l'esprit des indigènes, le caractère d'amende humiliante demandée au vaincu par le vainqueur, qu'ils leur attribuent facilement. Si nous sommes en rapport avec des chefs, faisons leur saisir quels avantages personnels leur sont assurés du fait de notre domination en échange des charges exigées. Si nous avons devant nous des masses, il est à souhaiter que les budgets coloniaux soient réorganisés de telle sorte que l'indigène comprenne à quel emploi vont les sommes versées. On lui fera saisir aussi d'une façon tangible que l'impôt n'est point, comme il le croit, un profit pour celui qui le touche, mais une contribution de tous au bien de la collaboration dont il est lui-même une unité. Qu'il se rende compte, de mieux en mieux, des améliorations que nous lui apportons aussi bien pour les conditions matérielles de sa vie que pour sa sécurité, et les ferments de révolte qui couvent dans l'ignorance et que peuvent développer contre nous les mandarins d'Indochine, les marabouts et les sorciers d'Afrique, tomberont d'eux-mêmes.

Une très large autonomie doit être accordée aux budgets coloniaux pour les travaux publics, l'agriculture, la justice, l'enseignement et l'assistance, afin que l'indigène soit plus nettement frappé des améliorations qu'amènent directement à sa propre vie, familiale et sociale aussi bien qu'économique, les impôts qu'il paie. Et lorsqu'il l'aura constaté il sera possible d'augmenter, sans danger, l'application et le taux de ces impôts, car le programme des réformes sociales et d'assistance que nous devons lui apporter pour l'adoucissement de son sort ne sera pas sans comporter un excédent de dépenses parfois fort important.

Porter à la connaissance de l'indigène pourquoi il

paie, et ce qu'il doit payer, lui faire connaître par des moyens simples, calqués sur des coutumes de sa vie, est d'autant plus essentiel que si nous nous servons dans la perception, de l'intermédiaire d'un de ses compatriotes, il faut éviter que celui-ci, par une habitude coutumière à l'autorité dans ces contrées barbares, veuille augmenter ses appointements légaux aux dépens du contribuable dont le mécontentement retomberait sur nous. Au cas de cet abus le châtiment du mandataire infidèle pourrait être une amende, que le conseil d'administration de la colonie verserait à des œuvres destinées au bien-être de la population.

Une étude attentive devra s'appliquer à une réorganisation de la justice coloniale. On a cru agir très largement en décidant que l'indigène tant que sa coutume locale n'est point en opposition avec l'ordre établi par nous, continuera à être régi par elle. Mais à côté de cela, nous avons installé les complications coûteuses de nos combinaisons juridiques, de sorte que les malheureux indigènes, dans toute affaire de transaction, se trouvent la proie des hommes de loi. Le remède qui s'impose, c'est la création d'un cadre de justice indigène, d'une jurisprudence indigène, réforme qui simplifierait d'autant la besogne de nos administrateurs forcés très souvent de faire fonction de juges, et dont on trouverait les éléments pour chaque colonie et pour chaque groupe technique, dans l'étude des diverses coutumes indigènes.

Pour en assurer le bon fonctionnement il serait nécessaire de la surveiller de près, afin d'empêcher le juge indigène de pratiquer la vénalité enseignée par un trop long exemple; il serait indispensable de faire savoir aux populations qu'elles ne doivent à leurs juges aucune sorte de redevance en argent ou en nature, et que cette exemption est la conséquence de l'impôt payé d'autre part. En cas de conflit d'intérêts entre l'Européen et l'indigène on s'appliquerait à formuler les moyens donnant à celui-ci un facile accès au tribunal.

Et quand d'importants intérêts européens seraient en jeu, il serait bon de nommer des magistrats de carrière, dans le but de décharger de ces fonctions nos administrateurs qui, on le conçoit sans peine, n'ont pas toujours la compétence spéciale nécessaire.

De graves inconvénients se sont produits déjà par l'emploi des interprètes indigènes qui peuvent, ou dénaturer sciemment le sens des paroles de l'administration, ou trafiquer de leur emploi pour rendre une traduction tournée au profit de celui qui achète leur concours. Un enseignement plus développé de notre langue aux indigènes est le remède à ces abus ainsi que l'obligation de connaître la langue indigène posée comme condition d'avancement aux fonctionnaires en rapport direct avec les populations.

La condition essentielle d'une organisation coloniale bienveillante et profitable est l'avancement régulier et sur place des fonctionnaires. Qui ne voit, en effet, qu'un administrateur attaché à sa résidence pour le temps de sa carrière en pénétrera les ressources et saura la mettre en valeur avec plus de soin et d'attention que celui qui, hier à Dakar, sera aujourd'hui au Tonkin, et demain au Gabon ? Si cette réforme dans le fonctionnarisme s'effectue, rien ne s'opposera à l'obligation imposée au fonctionnaire de parler la langue de sa colonie, ce qui lui attirera de la part de l'indigène beaucoup plus de confiance et de considération.

Aux interprètes on substituera des agents indigènes de renseignements qu'on pourra réunir dans un même service. Des tentatives, essayées, sur certains points, ont donné déjà d'excellents résultats. Les administrateurs s'appliqueront à former les indigènes aptes à ces délicates fonctions, qui aideront efficacement à l'extension de notre influence morale et pourront nous fournir des avertissements salutaires dans les périodes d'agitation ou de flottement.

Le but le plus noble et le plus fécond de notre tâche, Messieurs, en cette œuvre de développement colonial, c'est le développement de l'indigène lui-même, son éducation, son évolution. Nos colonies contiennent des peuples fort différents de civilisation comme de race : il est impossible de construire une méthode unique pour des cas si complexes et si délicats. Faire comprendre à l'indigène combien son sort profitera de sa venue libre et spontanée à notre civilisation, mettre à sa portée les éléments de cette adhésion tout en demeurant respectueux de la valeur de ses rapports héréditaires, nous consacrer auprès de lui à l'idéal de justice et d'humanité qui fait les races supérieures, telles sont les lignes générales du plan. Le moyen sera l'enseignement, — un système d'enseignement varié suivant les peuples auxquels il s'adressera, et adapté aux conditions particulières de leur présent et de leur avenir.

Assez développé dans les colonies anciennes, l'enseignement existe à peine dans les nouvelles. Le fait tient à l'ignorance absolue où y sont les indigènes relativement à notre langue. La diffusion du français serait le facteur le plus actif de la pénétration réciproque des races, la condition essentielle de toute large action civilisatrice.

Dans cette question de l'enseignement, ainsi que dans beaucoup d'autres, les différences ethniques doivent être prises en considération. Si le groupe ethnique jaune, héritier d'une des plus vieilles civilisations du monde, vient de lui-même avec empressement au-devant des sciences de l'Occident, il est raisonnable de les lui distribuer avec prudence, car l'élite ainsi formée deviendrait aisément dangereuse. Une sage politique sera de satisfaire le légitime désir d'instruction de ce groupe par un large enseignement professionnel dont sa situation matérielle comme sa moralité bénéficiera grandement.

Chez les noirs la question du danger de l'enseignement supérieur ou secondaire n'existe par car, sur certains points, l'enseignement primaire ne peut être atteint ; mais tel qu'il est, plus ou moins développé ici ou là, suivant les capacités, cet enseignement primaire se fortifiera par l'enseignement professionnel auquel il doit surtout former une base. Les résultats déjà obtenus montrent que cette voie est celle dans laquelle il faut persévérer.

Il va sans dire que cet enseignement devra éviter de choquer les croyances indigènes et les respecter scrupuleusement. Néanmoins, je note en passant que, dans les pays où nous nous trouvons en face de l'Islam, une réserve particulière s'impose dans la bienveillance témoignée à cette religion ; elle contient, en effet, pour l'Européen de grosses menaces, et les intrigues internationales ont trop souvent cultivé ce champ dangereux pour qu'on ne doive point, en Afrique, enrayer la faveur prononcée accordée aux noirs musulmans de préférence aux noirs fétichistes, non qu'en tant que religion il faille combattre l'Islam, pas plus que tout autre, mais une surveillance vigilante doit être exercée sur lui et peut-être serait-il aussi généreux que sage, de nous rapprocher un peu plus, en multipliant les contacts, de nos noirs fétichistes justement à cause de leur état arriéré.

Ayant reçu ce puissant instrument de progrès qu'est un enseignement raisonné, l'indigène nous fournira une collaboration de plus en plus consciente et volontaire. Grâce à cette éducation, on pourra, par la suite, associer les indigènes eux-mêmes à l'administration des colonies, les substituer aux Européens dans le emploiss inférieurs, comme font avec succès les Anglais et les Hollandais, sans leur interdire d'ailleurs, après capacité reconnue, l'accès aux postes supérieurs. Dès son début, cette simple innovation — l'entrée de l'indigène dans les postes subalternes, — serait d'un grand et très heureux effet sur l'esprit des populations et deviendrait l'acheminement à de salutaires mesures décentralisatrices, telles que de conférer au gouverneur une puissance politique étendue, plus d'indépendance aux communes capables de se suffire à elles-mêmes, plus de liberté économique aux colonies à qui l'on permettrait de conclure elles-mêmes des marchés sans passer par l'autorité supérieure.

Avec l'amélioration de sa condition matérielle et économique, l'indigène doit recevoir de nous et, de plus en plus, la défense contre les fléaux qui le menacent et la science de les combattre lui-même. De grands efforts ont été tentés pour l'assistance médicale : tournées de vaccination, missions étudiant le moyen de lutter contre les maladies locales ; l'influence du médecin est, à tous les points de vue, la plus efficace. Non seulement elle protège et conserve pour nous des milliers d'existences, mais encore elle conquiert les cœurs et les attache. Jusqu'à ce jour si l'on a pu constater des résultats sérieux de cette assistance, c'est surtout dans les grands centres qu'on les a signalés. Dans l'intérieur, les formations sanitaires sont encore à l'état embryonnaire, au point de vue du service comme de la fourniture des médicaments les plus courants.

Il faut organiser d'une façon complète et sur un pied de grande mobilité un corps régulier de médecins consacrés à l'assistance indigène. Le nombre qui existe aujourd'hui èst insuffisant et composé de praticiens amenés dans la colonie par des engagements d'une durée restreinte sans avantage de hiérarchie ou progrès d'appointements, de sorte que, une fois leurs contrats expirés, les médecins s'en vont au moment où ils étaient parvenus à connaître les besoins de la population et les ressources du pays. Des infirmiers-médecins indigènes, et non munis de tous les diplômes, contrôlés par les médecins d'origine européenne, pourraient leur être adjoints, comme à Madagascar par exemple, dans toutes nos colonies.

Armons aussi l'indigène contre les vicissitudes de la vie économique et sociale que nous lui apportons. Au point de vue de la prévoyance et de la mutualité, tout est à faire. Le germe de ces idées existe, mais réduit à un ordre particulier. En cette matière on emploiera la leçon de choses et l'exemple. Si l'administration, dans les années d'abondance, incite l'indigène à former des réserves de grains, celui-ci, dans les années de disette, en comprendra toute l'utilité. La création de ces réserves pourrait être officiellement organisée en associant l'action de commissions nommées par les indigènes et de la surveillance administrative, avec de minimes subventions fournies par le budget local. De là on viendrait vite à comprendre et adopter les institutions de mutualité. Par là on remédierait aux disettes, aux grandes catastrophes, si difficiles à réparer dans des contrées où la rareté des moyens de communication rend le secours administratif insuffisant, difficile, coûteux et souvent inefficace.

Dans les colonies les rapports entre Européens et indigènes ne consistent pas seulement en contacts administratifs. Les rapports commerciaux, les questions de main-d'œuvre créent des relations variées et constantes entre le colon et l'habitant ; des problèmes complexes et nombreux peuvent en devenir les conséquences diverses selon le développement respectif des colonies et présentent plus de gravité dans les contrées à peine ouvertes à notre civilisation.

Le régime concessionnaire qu'on a employé en Afrique équatoriale, sur ces terres frustes et si riches, établi au début pour aider à l'expansion française, s'est révélé quelquefois déplorable à l'usage. Il a entravé l'établissement de la propriété indigène qui est le but nécessaire pour assurer le développement des races établies et fixer les nomades. Sous le régime de paix durable installé par nous, les noirs du Centre africain, jusqu'ici décimés par leurs guerres, sont appelés à s'accroître et il ne faut pas que ces populations augmentées voient s'arrêter leur progrès et, en même temps, la prospérité que leur nom·bre accru donnera à nos colonies, parce que les terres les meilleures seront devenues l'apanage de sociétés puissantes qui ne les céderont qu'à des conditions propres à créer des difficultés économiques plutôt qu'à aider l'avenir. Un système qui doit être étendu et qui peut devenir la base des conséquences fécondes est celui du métayage indigène ; par là l'indigène enrichi, éduqué grâce à son expérience, arrivera à la prospérité personnelle et franchira un degré de plus vers une civilisation libre et élargie.

Les contacts d'intérêt entre le colon et l'indigène, le contact entre deux races différentes, chacune persuadée de son droit et de son privilège, amène, il ne faut point se le dissimuler, des confits inévitables en maintes occasions ; mais le sort de l'indigène et sa personne sont aussi respectables que la personne et le sort du colon. Tout fonctionnaire colonial doit en être de plus en plus persuadé, soit qu'il accorde toute sa protection à l'indigène lorsque celui-ci est menacé, soit qu'au cas contraire il défende nos nationaux. Il est superflu d'insister sur ce point. D'ailleurs, nous pouvons le proclamer avec une juste fierté, c'est dans les colonies françaises que se sont le plus rarement produits, contre la race conquise, les actes criminels de quelques individus égarés appartenant à la race conquérante.

De cette équité, Messieurs, de cette générosité qui a présidé presque toujours à nos rapports avec nos sujets exotiques, nous venons de constater le résultat et de recueillir les fruits au cours de cette grande guerre. Il faut, à l'avenir, en récompense du loyalisme des indigènes, que cette équité et cette générosité s'affirment, s'étendent et se précisent encore par toutes les mesures et les réformes que je viens d'esquisser et que nous devrons, dès les premiers jours de la paix, mettre au point. Il faut que cette union précieuse, scellée dans le sang aux heures tragiques soit demain, de plus en plus intime, de plus en plus intense, de plus en plus confiante et zélée. Ainsi, malgré l'effroyable bouleversement, et grâce à ses magnifiques possessions d'outre-mer, la France pourra se relever très vite de toutes ses épreuves.